AF579402

DAILY
MINDSET
Book Club

# DAILY MINDSET

s m t w t f s

Month: ____________

# DAILY MINDSET

s m t w t f s

Month: ______________

# DAILY MINDSET

○ ○ ○ ○ ○ ○ ○

s m t w t f s

Month: ________________

# DAILY MINDSET

s m t w t f s

Month: ________________

# DAILY MINDSET

○ ○ ○ ○ ○ ○ ○
s m t w t f s

Month: ________________

# DAILY MINDSET

○ ○ ○ ○ ○ ○ ○
s m t w t f s

Month: ____________

# DAILY MINDSET

s m t w t f s

Month: ____________

# DAILY MINDSET

s m t w t f s

Month: ______________

# DAILY MINDSET

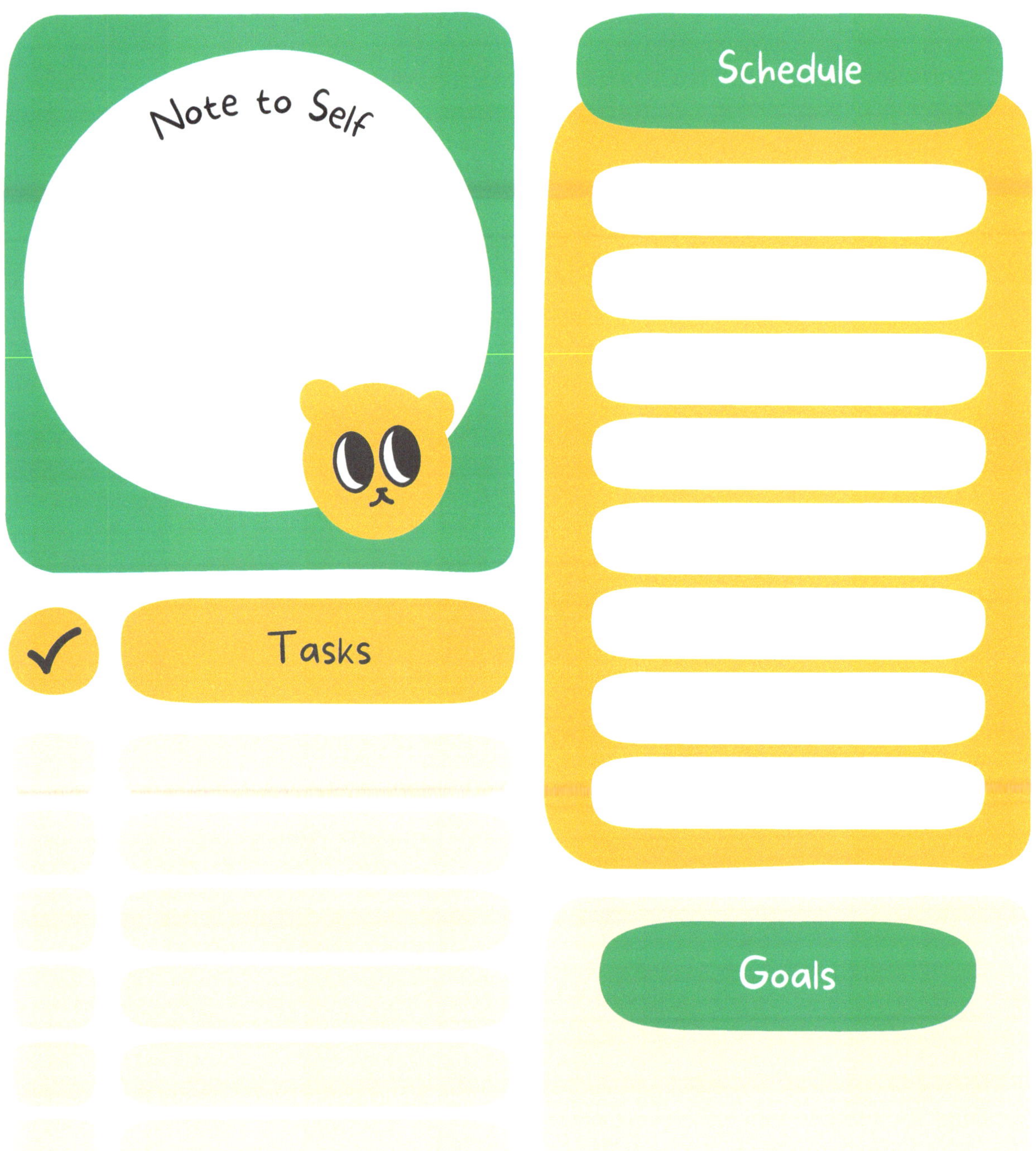

s m t w t f s

Month: ____________

# DAILY MINDSET

Goals

s m t w t f s

Month: ____________

# DAILY MINDSET

s m t w t f s

Month: ____________________

# DAILY MINDSET

s m t w t f s

Month: ____________

# DAILY MINDSET

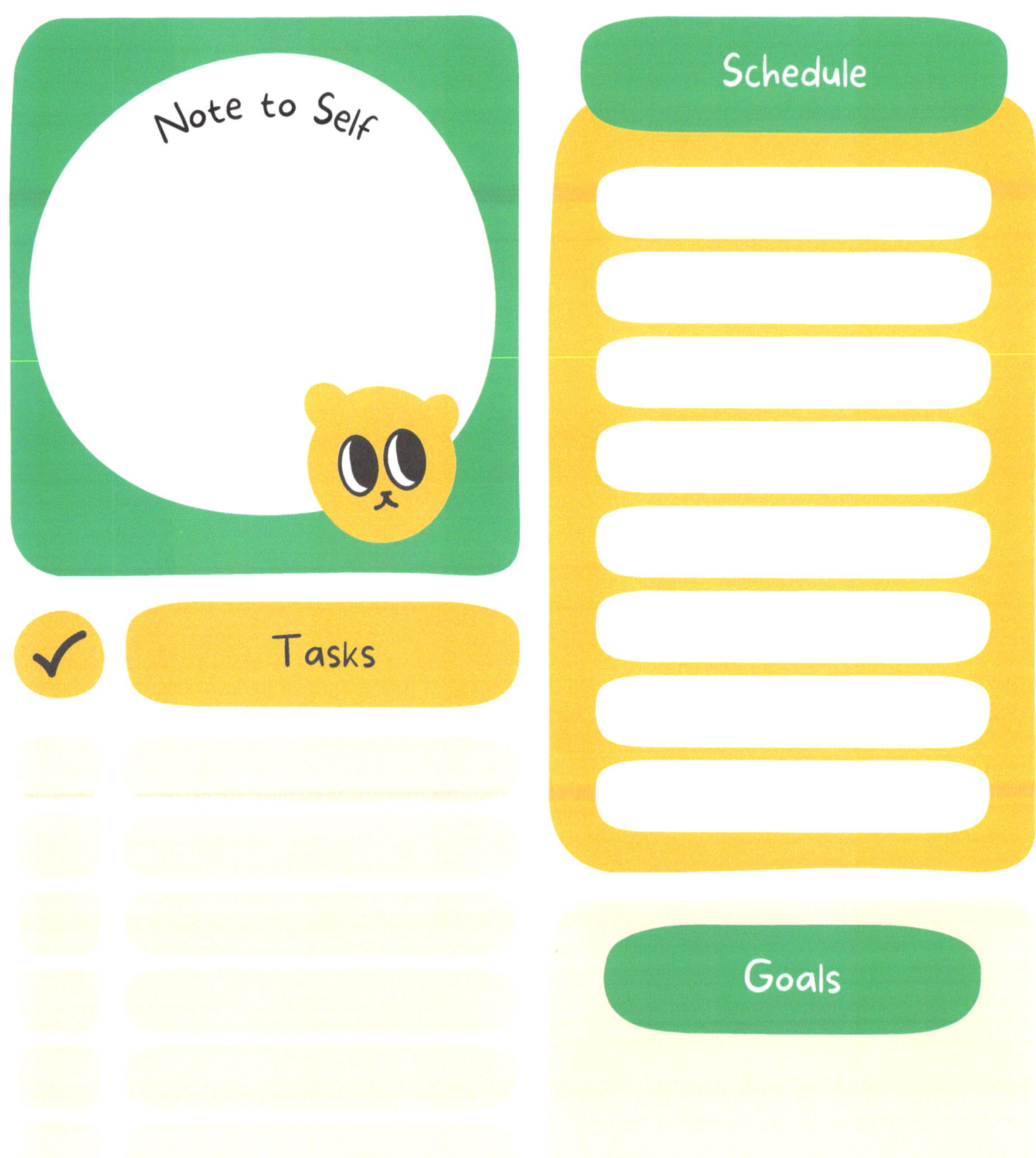

s m t w t f s

Month: ____________

# DAILY MINDSET

s m t w t f s

Month: ______________

# DAILY MINDSET

○ ○ ○ ○ ○ ○ ○
s m t w t f s

Month: ____________________

# DAILY MINDSET

s m t w t f s

Month: ____________

# DAILY MINDSET

s m t w t f s

Month: ______________

# DAILY MINDSET

Goals

s m t w t f s

Month: ______________

# DAILY MINDSET

s m t w t f s

Month: ____________

# DAILY MINDSET

s m t w t f s

Month: ______________

# DAILY MINDSET

s m t w t f s

Month: ____________

# DAILY MINDSET

s m t w t f s

Month: ____________

# DAILY MINDSET

s m t w t f s

Month: ____________

# DAILY MINDSET

○ ○ ○ ○ ○ ○ ○

s m t w t f s

Month: ______________

# DAILY MINDSET

s m t w t f s

Month: ____________

# DAILY MINDSET

s m t w t f s

Month: ____________

# DAILY MINDSET

s m t w t f s

Month: ____________

# DAILY MINDSET

s m t w t f s

Month: ____________

# DAILY MINDSET

s m t w t f s

Month: ____________

# DAILY MINDSET

Goals

s m t w t f s

Month: ____________

# DAILY MINDSET

s m t w t f s

Month: ____________

# DAILY MINDSET

s m t w t f s

Month: ____________

# DAILY MINDSET

s m t w t f s

Month: ____________

# DAILY MINDSET

s m t w t f s

Month: ____________

# DAILY MINDSET

s m t w t f s

Month: ____________

# DAILY MINDSET

s m t w t f s

Month: ____________

# DAILY MINDSET

s m t w t f s

Month: ____________

# DAILY MINDSET

s m t w t f s

Month: ____________

# DAILY MINDSET

s m t w t f s

Month: ___________________

# DAILY MINDSET

s m t w t f s

Month: ____________

# DAILY MINDSET

○ ○ ○ ○ ○ ○ ○

s m t w t f s

Month: ____________________

# DAILY MINDSET

Goals

s m t w t f s

Month: ____________

# DAILY MINDSET

s m t w t f s

Month: ______________

# DAILY MINDSET

s m t w t f s

Month: ____________

# DAILY MINDSET

s m t w t f s

Month: ____________

# DAILY MINDSET

s m t w t f s

Month: ___________

# DAILY MINDSET

s m t w t f s

Month: ____________

# DAILY MINDSET

s m t w t f s

Month: ____________

# DAILY MINDSET

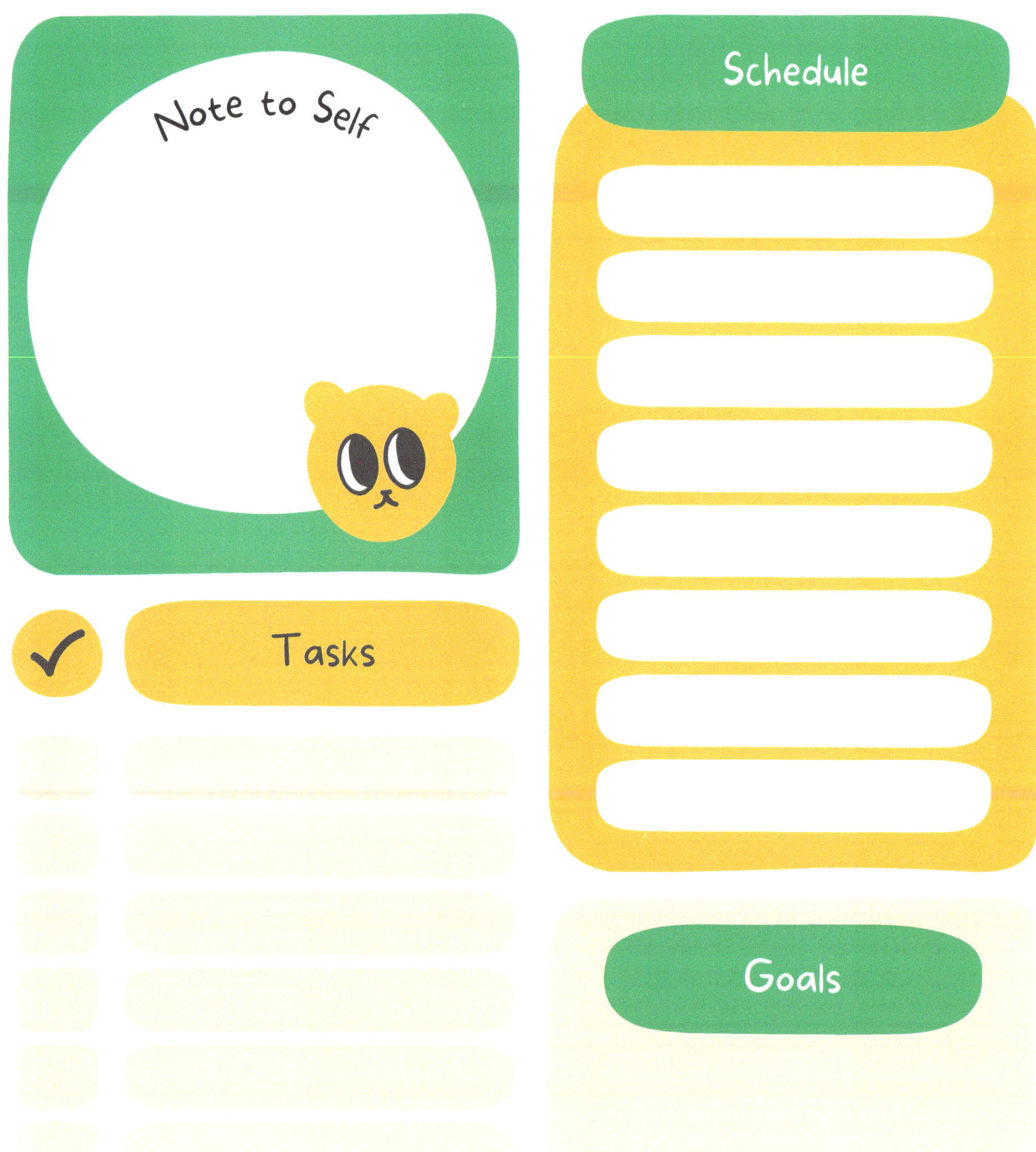

s m t w t f s

Month: ____________

# DAILY MINDSET

s m t w t f s

Month: ___________

# DAILY MINDSET

s m t w t f s

Month: ________________

# DAILY MINDSET

s m t w t f s

Month: ______________

# DAILY MINDSET

s m t w t f s

Month: ____________

# DAILY MINDSET

s m t w t f s

Month: ____________________

# DAILY MINDSET

s m t w t f s

Month: ____________

# DAILY MINDSET

s m t w t f s

Month: ____________

# DAILY MINDSET

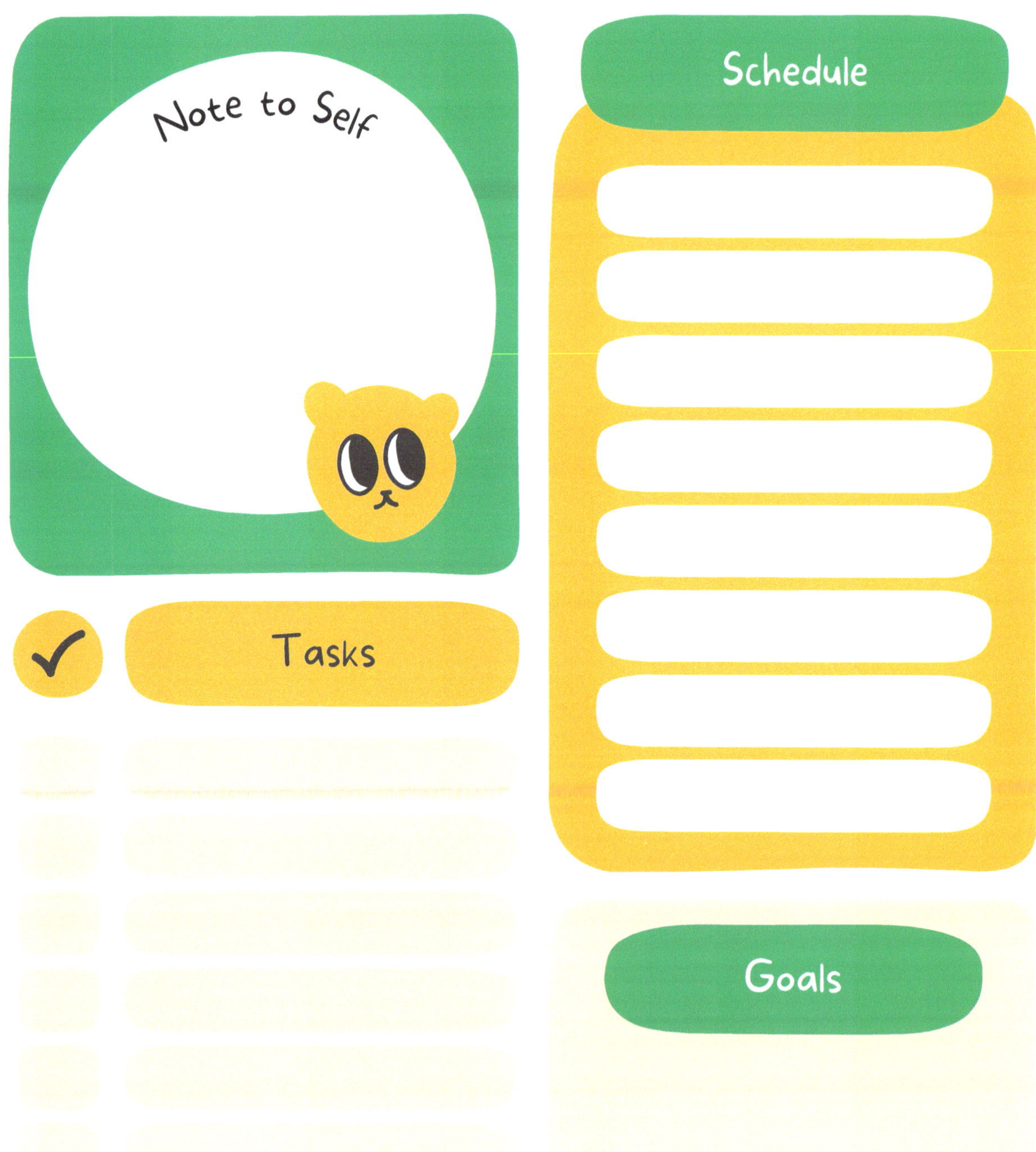

s m t w t f s

Month: ____________

# DAILY MINDSET

s m t w t f s

Month: ____________

# DAILY MINDSET

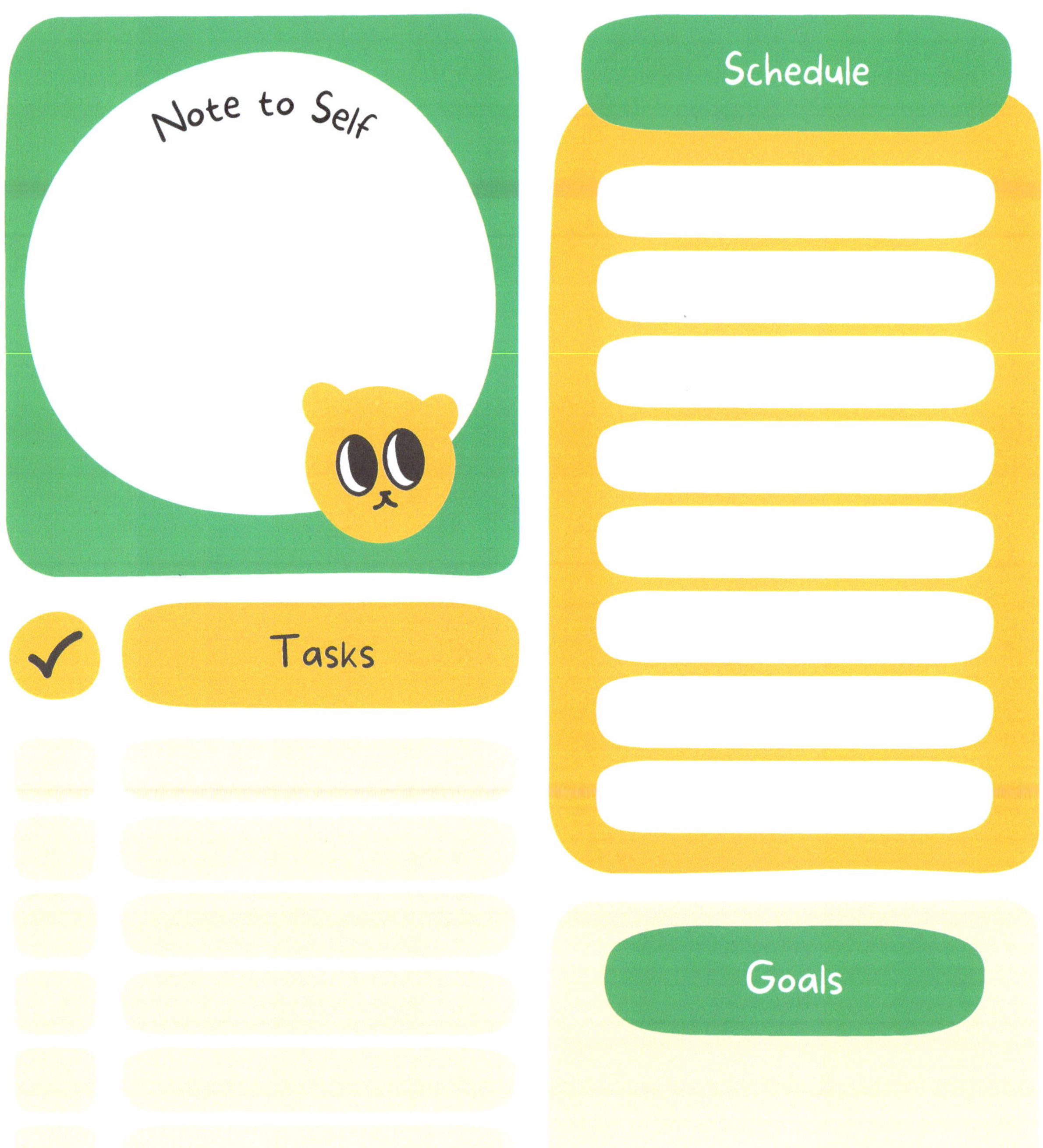

s m t w t f s

Month: ____________________

# DAILY MINDSET

s m t w t f s

Month: ________________

# DAILY MINDSET

s m t w t f s

Month: ____________

# DAILY MINDSET

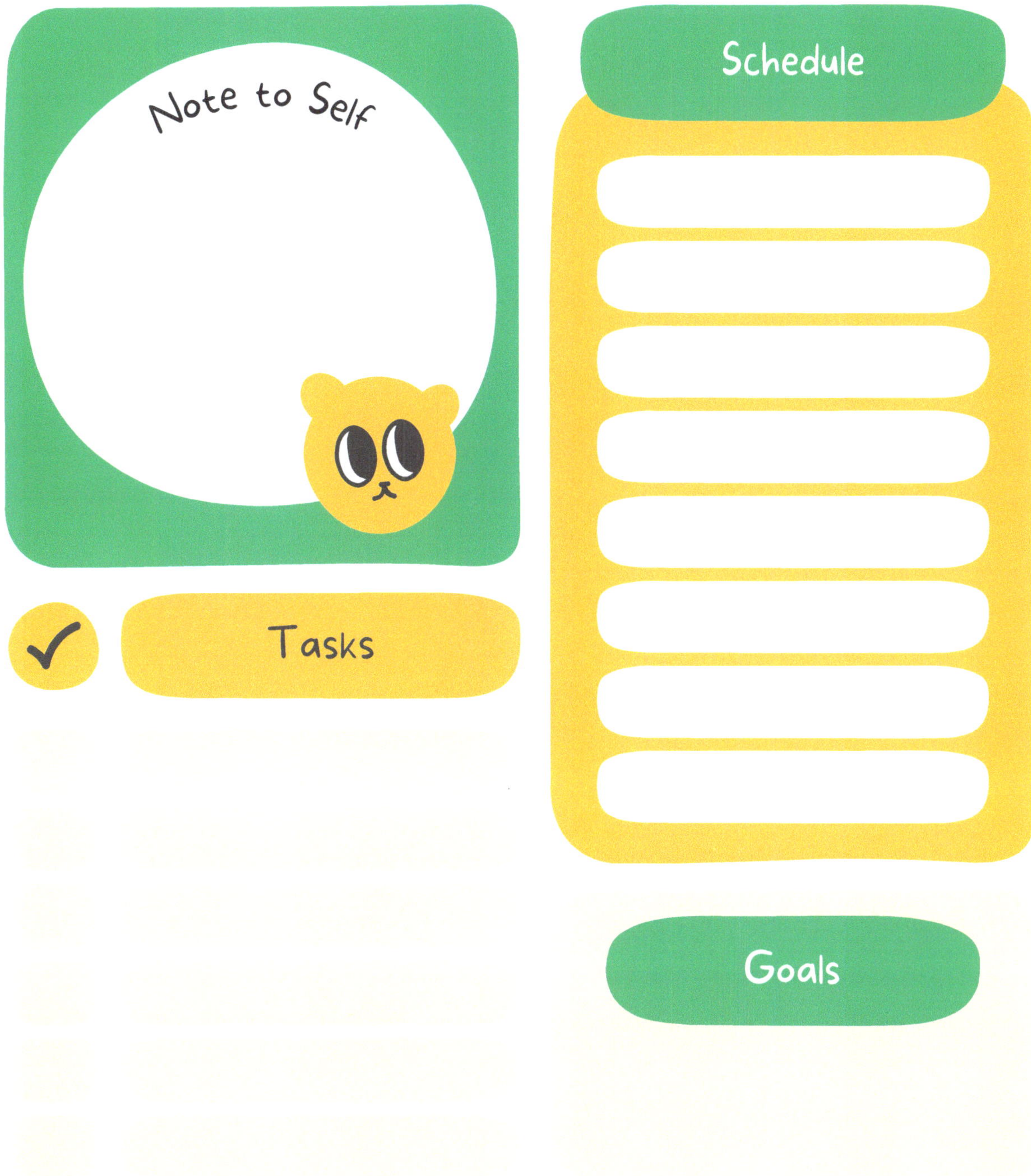

s m t w t f s

Month: ________________

# DAILY MINDSET

s m t w t f s

Month: ____________

# DAILY MINDSET

s m t w t f s

Month: ____________

# DAILY MINDSET

s m t w t f s

Month: ____________

# DAILY MINDSET

s m t w t f s

Month: ____________________

# DAILY MINDSET

s m t w t f s

Month: ______________

# DAILY MINDSET

s m t w t f s

Month: ____________

# DAILY MINDSET

s m t w t f s

Month: ____________

# DAILY MINDSET

s m t w t f s

Month: ____________

# DAILY MINDSET

s m t w t f s

Month: ____________

# DAILY MINDSET

s m t w t f s

Month: ____________

# DAILY MINDSET

s m t w t f s

Month: ____________

# DAILY MINDSET

s m t w t f s

Month: ________________

# DAILY MINDSET

○ ○ ○ ○ ○ ○ ○
s m t w t f s

Month: ____________

# DAILY MINDSET

s m t w t f s

Month: ____________

# DAILY MINDSET

s m t w t f s

Month: ____________

# DAILY MINDSET

s m t w t f s

Month: ____________

# DAILY MINDSET

s m t w t f s

Month: ___________

# DAILY MINDSET

s m t w t f s

Month: ____________

# DAILY MINDSET

s m t w t f s

Month: ________________

# DAILY MINDSET

s m t w t f s

Month: ______________

# DAILY MINDSET

s m t w t f s

Month: ____________

# DAILY MINDSET

s m t w t f s

Month: ______________

# DAILY MINDSET

s m t w t f s

Month: ____________________

# DAILY MINDSET

s m t w t f s

Month: ____________

# DAILY MINDSET

s m t w t f s

Month: ____________

# DAILY MINDSET

○ ○ ○ ○ ○ ○ ○
s m t w t f s

Month: ______________

# DAILY MINDSET

s m t w t f s

Month: ________________

# DAILY MINDSET

s m t w t f s

Month: ____________________

# DAILY MINDSET

○ ○ ○ ○ ○ ○ ○
s m t w t f s

Month: ______________

# DAILY MINDSET

s m t w t f s

Month: ________________

# DAILY MINDSET

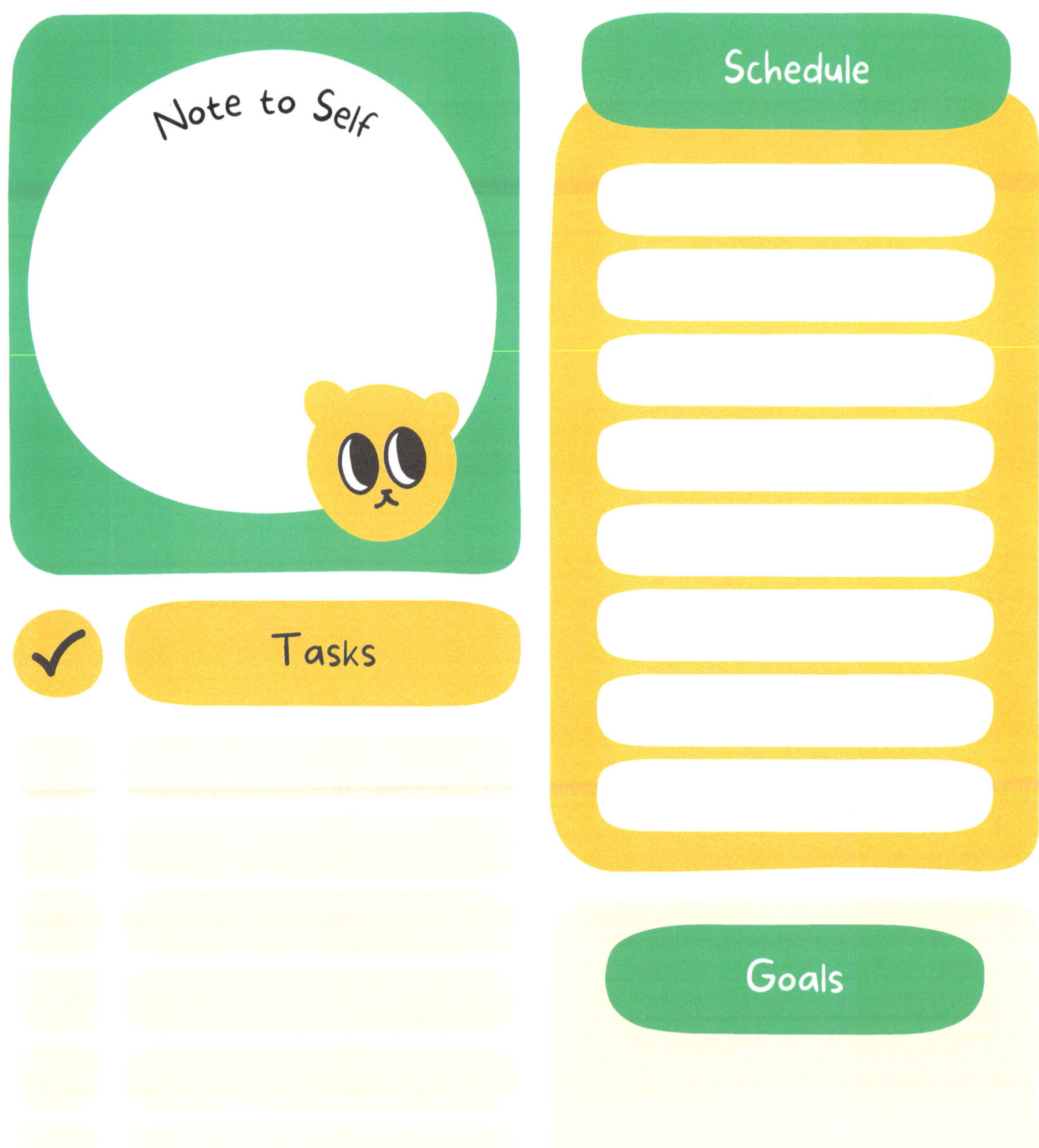

s m t w t f s

Month: ____________

# DAILY MINDSET

Goals

s m t w t f s

Month: ____________________

# DAILY MINDSET

s m t w t f s

Month: ______________

# DAILY MINDSET

s m t w t f s

Month: ___________________

# DAILY MINDSET

s m t w t f s

Month: ________________

# DAILY MINDSET

○ ○ ○ ○ ○ ○ ○
s m t w t f s

Month: ____________________

# DAILY MINDSET

s m t w t f s

Month: ________________

# DAILY MINDSET

DAILY
MINDSET

Book Club

www.ingramcontent.com/pod-product-compliance
Lightning Source LLC
LaVergne TN
LVHW071120160826
845679LV00005B/1125
* 9 7 9 8 8 8 9 8 6 7 1 5 9 *